JN418480

착한 토끼

정대구 시집

인지
생략

들꽃시인선 015
착한 토끼

지은이/정대구
펴낸이/문창길
초판인쇄/2016년 08월 25일
초판펴냄/2016년 08월 30일
펴낸곳/도서출판 들꽃
주 소/100-273 서울 중구 필동3가 28-1 서울캐피탈빌딩 B202호
전 화/02)2267-6833, 2273-1506
팩 스/02)2268-7067
출판등록/제2-0313호
E-mail:dlkot108@hanmail.net, dlkot108@naver.com

값 8,000원
* 파본된 책은 바꾸어 드립니다.

ISBN 978-89-6143-191-0 03810

들꽃시인선 015

착한 토끼

정대구 시집

| 시인의 말 |

소시민이고 대시민이고간에 사람의 한 살이는 귀중하다.
나의 시는 나를 정직하게 증언하는 나의 분신으로서
나를 반성하고 성찰하는 마당이기도 하다.
이번 시집을 정리하면서 얻은 소중한 보람은
소소한 소시민의 애환 서린 당당함이다.
뭐가 부끄럽고 뭘 망설이는가.
당당하게 이제부터가 시작이다 하는 것이다.

이 시집은 그간 10여 년간 쌓인 정신없이 얼크러진 시고를 지난 2014년 한 해 동안 총 정리해서 묶은 모두 15권의 시고 중 하나다. 이 일을 자신의 일처럼 애써 준 울산 이미숙 시인에게 고맙고 무조건 시집을 내주는 도서출판 들꽃 문창길 시인에게 고맙고 두루두루 고마울 따름이다.

2016년 초봄에 지화자 농장에서
정대구

| 착한 토끼 |

차례

시인의 말 / 5

제1부 우울한 우철동씨

12_ 기미년 만세바람 되살려
14_ 동해물과 백두산이 마르고 닳도록
16_ 만세길
18_ 기통일대춘시祈統一待春詩 - 실향노시인 김규동 선생께
19_ 수박과 육자회담
20_ 요즘의 지허당知虛堂 우철동씨는
22_ 우울한 우철동씨
24_ 이기형 시인의 발바닥
26_ 티베트 - 베이징 올림픽을 보이콧하자
28_ 막걸리와 대통령 · 2
29_ 좌측통행이 우측통행으로 바뀐 이유
30_ 한강은 흐른다
32_ 착한 토끼
33_ 풍선을 띄우며
34_ 한옥
35_ 희망풍선

제2부 참 좋겠다

38_ 대야미가 궁금하다
40_ 바닥 난 꿈의 구멍을 핥는 구선생
42_ 수영이 생각
43_ 시 한 편 쓰자고
44_ 악몽
45_ 엄마 생각
46_ 오규원과 나
47_ 잠 못 드는 밤에
48_ 처용신가 3장(시극)
52_ 조기축구早起蹴球
53_ 참 좋겠다
54_ 충무로의 어느 날
55_ 치매라고? 아닌데
56_ 폴더 2007
57_ 하품, 졸음이 오는

| 착한 토끼 |

제3부 친구

60_ 검거나 희거나
61_ 김유정과 봄 · 봄
62_ 두 마리 토끼
63_ 말로써 말 많으니
64_ 부처님 오신 날
65_ 영운嶺雲
66_ 외풍
68_ 인사동은 옛 인사동이 아니었다
70_ 정밀종합건강검진
72_ 전통놀이
73_ 천천히 천천히
74_ 첫돌 잡이
76_ 친구
78_ 호칭

| 착한 토끼 |

제4부 가을 별살

80_ 금강산 가는 길에
82_ 김삿갓도 한 꼴goal
84_ 그미의 몸에선 항상 들판 가득 흐르는 고소하고 풋풋한 들내가 난다
85_ 겨울볕살
86_ 꿈
87_ 녹아내리는 만년설
88_ 세월에 앞서가는 속도
90_ 안개 속 경험
92_ 얼어붙고 얼어터지고
94_ 엎드려라 엎드려
96_ 바람 부는 날은 쉬어가는 날
97_ 새해 앞에서
98_ 우리 어머니 세대의 농촌풍경 한 장면
99_ 짧은 가을
100_ 초가집 입맛
101_ 파도

104_ 작품해설 | 이종섶 · 우철동 선생님께 드리는 편지

제 1 부

우울한 우철동씨

기미년 만세바람 되살려

잊었는가! 일제 식민통치 36년 반성은커녕
우리땅 독도를 다께시마라 우기는 섬나라 날강도
다께시마날(2월 22일)을 제정, 정부요인과 국회의원까지 동원해
침탈의 검은 야욕을 노골적으로 드러내는 행사를 한다니
나쁜 이웃 아직도 이렇게 흉흉한데 남북분단 반세기가 웬 말
남과 북이 하나로 힘을 합쳐 막아내야지
남과 북이 한 마음 한 몸 되어
통일된 나라를 가지고 외세를 막아야 하리

잊었는가! 기미년 삼월 일일
할아버지 할머니도 아저씨 아줌마도 오빠 누나 형 동생도
남녀노소 모두모두 손에 손에 태극기
파고다공원에서 아우네장터에서 사강장터에서 제암리에서

방방곡곡 삼천리강토에 울려 퍼진 그날의 함성 그날의 햇볕
한라에서 백두에서 동해에서 서해에서 남해에서
하늘에서 땅에서 물속에서 물물마다
반짝반짝 내 눈에 귀에 코에 살에 피에
다시 불붙여 일어나야 하리 애국심, 만세바람
남북간 이념이나 갈등을 접고 통일조국 이루어
다께시마날 어쩌구 남북공정 저쩌구
더 이상 우리를 얕보지 못하게
우리땅 우리역사 지키어
후손들 앞에 당당해야 하리

동해물과 백두산이 마르고 닳도록

1919년 3월의 함성이 2014년 3월 1일 찾아와 호되게 타이른다.
어허, 이럴 수가 있나 탄식하며

3.1절을 삼점일절로 읽는다니
어허, 이건 어린 학생의 잘못이 아니다
삼일정신 망각하고 역사교육 제대로 안 시킨 어른들의 잘못
정신 똑바로 차려야지
백주대낮 날강도보다도 더 날강도 같은
다깨시마는 무엇이고 동북공정은 또 무엇인가
임진왜란 병자호란 잊었는가
이래갖고 어떻게 독도를 지키고 동해를 동해이게 할 수 있으랴
어허, 이래갖고 어떻게 남북통일 앞당겨
언제 백두산 천지에 태극기 꽂고
우리의 역사 고구려와 발해를 되찾을 수 있겠느냐

우리나라의 두 배, 열 배도 넘는 넓은 땅과
억, 10억도 넘는 많은 인구를 가진
무지 큰 곰같고 여우같고 승냥이같은 이웃들 틈에서 살아남으려면
우리영토 우리역사를 지키고 빛내려면
100년 뒤까지 1000년 뒤까지 삼일정신 두 눈 똑바로 뜨고
정신 똑바로 차려야지
경술국치 같은 모욕 안 당하려면
어느 때보다 극동정세가 미묘한 갈등관계에 있는 작금
이를 예의주시하고 현명하게 올바르게 대처해야지

두 말하면 잔소리
개인은 유한하지만 나라와 역사는 영원해야 할 것
배달의 자손들아 영원하라!
세계의 주인의식을 갖고 영원토록 번영하라! 번영하라!
동해물과 백두산이 마르고 닳도록

만세길

이곳 화성시 송산면
작은 면소재지 사강에도
새로 단장된 만세길이 나 있다.

내가 태어나기 훨씬 이전인
1919년 기미독립운동 당시
사강장날 우리의 선인들이 모여
목 터져라 독립만세를 외쳤던 길!

우리는 지금 그 길을 재현해
남녀노소 모두 손에 손에 태극기 들고
목 터져라 대한독립만세를 외치고 있다

왜인들은 수십 채의 민가를 불태우며
무차별적으로 총질을 해댔고
우리는 일본순사부장을 돌 속에
묻어버렸다. 잔학한 식민통치를,

이제 우리는 선인의 정신을 기려
만세길 새로 닦고
여기 만세동산 모아서
이 고장의 드높은 민족정기를 새기노니

영원하여라 겨레의 얼! 자자손손 대를 이어
내 고장 자랑스러운 내 역사 지켜서
세계만방에 빛내리. 겨레의 만세길,

기통일대춘시祈統一待春詩

-실향노시인 김규동선생께

통일시를 보내 달라 하네
북측에 핵무기 상존하고 남측에 주한미군 여전한데
겨우 금강산 일부개방, 개성공단 추진 중인데
12월, 1, 2월 모두 건너뛰어 3월 시를 보내 달라 하네
꽁꽁 얼어붙는 한겨울에 봄시를 써서 녹여보라 하네
통일을 앞당겨 보라 하네
하긴 모진 추위 견뎌내면 봄은 어김없이 다가오는 법
10년이면 강산도 변한다는데
반세기 이상 묶어둔 쓰라린 분단조국
마지막 남은 한 고개 마지막 힘내어 단 한 번만 더 넘으면
오는 봄쯤 오매불망 통일조국 오지 않겠어요
참아봅시다 참아 봐요. 한민족 한 덩어리로
통곡하고 얼싸안고 춤추며 노래할
그날 그때까지만 그날 그때까지만

- 2003년 11월 25일

수박과 육자회담

한여름 밤 증발해버린 육자회담 답답해 속 터져

둥근 수박이나 큰놈으로 하나 쭉 쭉 쭉
여섯 쪽으로 쪼개놓고 여섯이서
둘러앉아 우리들 육자회담 잘 되라고
육자회담에게 박수, 박수
짝짝짝 수박에게 박수

요즘의 지허당知虛堂 우철동씨는

누가 그의 발걸음을 이곳으로 이끌어내는 지
쓸쓸한 빈 들녘인데, 둘러보아도 아무도 없는데
요즘 우철동씨는 자주 이곳에서 공허씨와 마주하기를
좋아합니다

돌아보건대, 윙윙거리던 여러 갈래 벌들의 길은 사라
지고
망설이며 그때그때 그가 선택하여 땀나게 걸어온 번
개와 천둥의
두근거리던 길도 지워지고 살이 빠져나가는 바람소리
이제는 어디론가 실려 나가고 가뭇없는 가난한 노동
의 열매

그의 여럿 자녀들은 지금쯤 누구의 허기를 달래며
피가 되어 돌고 있을까 배를 불리고 있을까
아직도 아득하기만 한 우철동씨의 희망사항

여보세요, 공허씨는 저렇게 소리 없이 그의 앞에서 웃

기만 하는데

어디 가보자 웃음의 끝까지 언덕 너머 새로운 강물이 흐르는 곳까지

우철동씨는 다시 터벅터벅 걷기를 시작합니다

우울한 우철동씨

아내가 밥상 차려놓고 나가면서
옷 갈아입으라고 빨래 내놓으라고 했다
가난한 추수도 다 끝나고
말 많은 시화연풍
꼬집어 더 할 말도 없다
자식들 자주 문안 여쭙고
무엇이 문제인가
남들은 물론 아내마저도 팔자 좋은 우철동씨라 했다
하지만 막상 우철동씨는
세상걱정 다 떠맡은 듯
밥숟갈은 투덜투덜하고
생각은 늘 해져 있다.
비비케이 사건은 非非케이 사건이고
태안泰安 앞바다는 크게 편안하지 않다
온갖 고민 다 안고 있다.
무엇이 문제인가
잠자리를 같이하지 않는 아내가 문제고
사업이 잘 풀리지 않는 자식이 문제인가

열두 명이 난립한 인물흉년
대선후보 누구를 뽑을까
우철동씨의 고민은
요즘 태안 앞바다에 밀려드는 검은 눈물
먹기름처럼 둥둥 떠 있다
콜타르처럼 시커멓고 끈적끈적하다.
온 겨레가 개미떼로 몰려들어
바다를 닦아내는 걸 보며
그 힘으로
그는 겨우 버티고 있다

이기형 시인의 발바닥

이기형 시인을 처음 만났을 때 나도 할아버지인데
나한테도 아버지뻘쯤 되는 고 이기형 시인
하지만 나보다 훨씬 걸음이 빠르고
쩌렁쩌렁 통일을 토해내던 뜨거운 피의 목소리

창작 21 주최 소록도 기행에서
내가 선생과 한방을 쓰는 룸메이트가 되어
선생의 건강비결을 넌지시 여쭤보니
젊어서부터 자기 전에 꼭 족욕을 하고 잤다면서
졸리면 먼저 자라면서
씩씩하게 샤워호스로 쫙 쫙 발바닥을 문지르던 이기형 선생

구십 평생 오로지 피나게 통일을 외쳤건만
끝내 통일을 못 보고 돌아간 안타까운 실향시인 이기형 시인
지금은 하늘나라에서 그 젊은 발바닥으로 고향땅을 맘껏 밟으며

오늘도 거르지 않고 족욕을 계속하시나요

티베트

-베이징 올림픽을 보이콧하자

일제 36년보다 긴 티베트 망명정부 올해로 50년
무엇이 다른가. 일제의 만행, 중공의 만행
티베트에선 무슨 일이 일어나고 있는지
우리가 독립운동 할 때 일제가 저지른 탄압과 잔학함
이
지금 티베트에서 벌어지고 있음이다.
우리는 겪어봐서 알지 않는가.
글자를 빼앗기고 역사와 문화가 짓밟히는
총칼 앞에 피 흘리는 저 함성
티베트인의 붉은 피
우리는 눈감지 말자. 눈감고 모르는 척 하지 말자.
우선 이 땅에서의 성화 봉송을 거부하고
선봉에서 우리가 베이징 올림픽을 보이콧하고
내쳐 저들의 독립을 도와야 한다.
한 마디로 티베트는 독립해야 한다.
한족과 다른 티베트만의 언어가 따로 있고
저들만의 역사와 문화가 따로 있는 것을
13억의 중국인이여

스스로 도의민족임을 앞세우면서
힘 있다고 해서 힘없는 이웃을 짓뭉개도 되는가.
말살 말라. 억울한 티베트인
세계가 일어나 힘없는 저들에게 힘을 실어줘야 한다.
기회는 쉽게 잡기 힘든 것, 이번 기회에 우리가 힘을 모아
저들의 독립, 저들의 평화를 적극 밀어줘야지.
이해득실을 따져 외면하지 말자. 세계여, 우리여
모르는 체 눈감지 말자. 티베트의 아픔을

막걸리와 대통령 · 2

막걸러 막걸리

얼굴 까무잡잡하고 밀짚모자 눌러 쓴 농부스타일 박정희나 노무현 대통령
비록 비명에 갔지만 막걸리 한 사발 캬, 잘 어울렸는데
양주냄새 물씬 나고 나비넥타이맨 허여멀건 이승만이나 얼굴 반질반질한 MB 대통령에겐 도통 안 어울리는 우리 술 막걸리

막걸러 막걸리 우리의 농주

좌측통행이 우측통행으로 바뀐 이유

남들은 무슨 생각을 하며 길을 걷는지 모르지만
남이야 무슨 생각을 하든 말든 좁은 길이든 넓은 길이든
어려운 길이든 쉬운 길이든 복잡하든 않든
그저 좌측통행 좌측통행만을 주문처럼 외며 길을 걷던 구선생,

어느 날 갑자기 우측통행을 선포한 당국자에게
묻겠는데, 이유가 뭡니까?
수십 년간 좌측통행에 길들여진 그가 비정상이고
우측통행하는 사람들이 정상인가요?
그때나 저때나 금기처럼 좌측을 텅 비워 두고
한사코 우측통행을 고집하는 이 형편없이 거룩한
두 어깨를 탱크처럼 밀고 들어오는 우경右傾 사람 사람들,

한강은 흐른다

태백산에서 시작한 남한강과 금강산에서 출발한 북한강이
두물머리에서 한데 합수하여 600년 도성 한양을 안아 돌아
임진강과 어우러져 서해로 흐르나니 우리의 한강,

주변 중소도시와 1천만 서울 시민의 생명수
꿈에서조차 생각 못한 몇 백리 멀리 화성의 오지
우리 마을에도 한강수도물이 들어온다고 공사가 한창인데

한강은 그저 강이 아니다
한강의 젖줄을 빠는 사람이 몇 천만 명인가
한강수는 그저 물이 아니다
한강물을 끌어들여 농사짓는 전답은 또 얼마인가
한강수는 그저 물이 아니다
한강물은 얼마나 많은 공업용수로 이용되는가
한강은 그저 강이 아니다.

한강의 기적을 낳은 우리의 문화요 역사다
한강은 그저 강이 아니다.
한강변 풍광이 아름다운 명소나 비경은 얼마나 많은가

오늘 우리 아름다운 사람들이 강뜨락에 모여 시회를 여나니
산천경계 좋고 시와 술 그리고 춤과 노래가 있나니
대동강수를 노래한 고려 정지상은 어디 있고
강 속에 달과 노닐던 이태백이 어디 있니
밤을 새워 우리의 술로 한강수를 춤추게 하고
우리들 시구에 한강수가 노래로 화답한다네

착한 토끼

비록 땅에 닿을 듯 짧은 다리이지만 놀란 듯 호동그란 두 눈으로 사람들의 어려운 사정을 살펴 낮은 곳으로 달려갈 줄도 알고 쫑긋한 두 귀를 세워 미세한 소리도 놓치지 않고 잘 주워 담던 토끼 한 마리 어느 날 청와대에서 나와 봉하마을로 내려가 마을 아이들 자전거 뒤에 태우고 밀짚모자 쓰고 동네한바퀴 쓱 돌다가 동네마트에 앉아 천연덕스럽게 담배 한 대 피워 물더니 2009년 5월 23일 아침 6시경 뒷산 부엉이바위에 올라 갑자기 뛰어내려 승천하셨다네? 벼락같은 소식에, 돼지저금통을 깨서 그를 청와대로 보냈던 늙은이부터 어린이들까지 달려와 울고 토끼몰이 하던 사람들도 눈물을 뿌리네. 착한 토끼는 지난날 지역주의 타파한다고 쉬운 제 영역 놔두고 호랑이 소굴에 들어가 국회의원 선거에도 떨어지고 시장 선거에도 떨어져 그때부터 바보토끼란 별명을 달고 보수와 권위주의에 맞서 어린이처럼 씩씩하게 싸웠었지. 오호 오호라

풍선을 띄우며

풍선을 띄우며
우리는 출발했다 새로 출발했다
잡다한 잡음과 망설임과
공해권내를 벗어나서
우리가 가는 길은 푸르기만 하다
새떼보다 더 높게
비행기보다 더 멀리
지금 우리나라의 하늘에는
수천만 개의 풍선이
제각기 높이를 자랑하지만
그 중에서 제일 높다
다시 돌아오지 못해도 좋다
우리들 청소년의 풍선은
어른들의 기성권내를 벗어나
새로운 미지의 세계를 향해
한껏 부풀어 터지는 한이 있더라도
더 큰 풍선을
더 높게 띄우자 친구여,

한옥

바람이 머무르기 좋은 대청마루
달빛이 물들기 좋은 영창문
여름날 얼음장 같던 냉골 구들장
겨울밤 따뜻한 아랫목
오금 붙는 할머니 옛날얘기
사랑채에선 할아버지의
담뱃대 두드리는 소리 탁탁탁
듣고파라

그리워라 그때 벌써 주름 깊던 나이든 어른들

희망풍선

애들아, 우리 지금 희망풍선 하나씩 들고 나와
하늘에다 일제히 띄워 올리자
아물아물 어디론가 흘러가는 희망풍선
남북통일 희망을 담아

하나도 통일 둘도 통일 하늘 끝을 바라보며 소원하자
하늘에선 박수갈채가 쏟아지고
쾌청한 하늘
하느님도 우리의 소원 들어 주실 것

애들아, 어디선가 와글와글 봇물 터지듯 밀려오는 함성 들으며
완충지대를 넘어서, 넘어서
철천만徹*天萬 개의 풍선이 날아오른다

*徹: 통하다 뚫다 환하다 밝다

제 2 부

참 좋겠다

대야미가 궁금하다

당고개와 오이도 사이를 오가는 4호선이 있고
4호선을 타다보면 수리산 등뼈를 서북쪽으로 길게 바라보며
금정역과 반월역 사이 대야미역을 지난다
내가 요즘 한 달에 네 번 이상
반월역에서 4호선 타고 서울을 오르내리다보니
대야미라는 묘한 이름에 점점 관심이 생기고
궁금한 마음에 이리저리 생각을 굴려본다

대야미가 뭐람?
대야미가 배야미로 들리기도 해
큰 산과 큰들이 만나는 어름에 뱀이 많아서 배암이일까
아니고 큰배미의 한자식 표기 대야미大野尾가 아닐지
아니었다. 역구내 입간판엔 분명 대야미大夜味라는 것이다.
대야미大夜味라면 우리말로 '한밤맛' , '한밤의 맛'
또는 그냥 '한밤에' 가 아닌가

반월半月이 반달이고 보면 반달이 돋고 지는 한밤에
그 옛날 대야미에서 무슨 별난 일이 생겼기에
수리산 산자락에 집들이 별처럼 박혀있고
그 앞으로 달려가는 은하가 그림책이나 가을 동화처럼 책장을 넘길까.

오늘은 서울서부터 함께한 그녀와 앞당겨 대야미에서 내려 반월역까지
내친김에 일부러 반월역을 지나 상록수역*까지 걷다 보니 한밤
팔짱 끼고 박동혁과 채영신*이 그랬던 것처럼
견우직녀 아득한 달밤을 더 걷기로 한다.

*상록수역: 심훈의 농촌계몽소설 「상록수」를 기념하는 전철역
*「상록수」의 남녀 주인공

바닥 난 꿈의 구멍을 핥는 구선생

혀로 꿈을 핥아보라
달콤한 것이 꿀이나 꿈이나 같은 핏줄의 형제쯤 되는지
꿈을 꿀처럼 핥는 구선생

오늘로 꿀병의 바닥이 드러났는지
병 안쪽에 더운 물을 부어 휘둘러 마시고는
구멍 언저리에 묻어있는 것까지 손가락으로 훑어
쪽쪽 손가락을 빨아먹고 마지막으로
혀를 내둘러 입술을 핥아먹는다.

그의 마나님이 이런 구선생을 보고 더럽다며
궁상떨지 말라고 야단이신데
평생 교육자로 살아온 일벌의 꿈이 무엇인지
꿀 한 점 묻히기 위해 얼마나 땀을 흘렸는지 안다면
누구도 그를 흉보거나 얕잡아 보지 못할 것인데,

그럼에도 아랑곳없는 마나님의 눈총을 받으며
꽃을 찾아 온몸에 꽃가루를 묻히던 꿈의 기억들을

손가락으로 훑어내어 핥아보는 우리들의 구선생

수영이 생각

지금 막 고갯마루에
둥 두렷이
커다란 달이 떠오릅니다.

그림을 잘 그리는 수영이가
이 저녁
유치원 숙제로

저렇게 환하고 둥근 달을
이곳 멀리
눈 어둔
할아버지에게
그려 보내나 봅니다.

아니, 벌써 중천에 올라왔군요.

시 한 편 쓰자고

참으로 오랜만에 눈부시게 밤새 눈이 내렸습니다.
반듯한 앞마당에 흰 A4용지처럼 반듯하게 오셨습니다.
하얗게 깔린 눈이 반짝반짝 시의 영혼 같아서
하마 그 위에 첫발 내려놓기가
아깝고 송구스럽고 그렇습니다.
음, 이런 마음 식기 전에
저 눈 다 녹기 전에
차고 깨끗한 시 한 편 써야겠습니다.
오랜만에 노트북 열고 공포의
흰 바탕 마주합니다.
시의 첫 글자 놓기가 두렵군요.
마음 식기 전에
따끈따끈한 시 한 편 써야겠는데
흰 바탕 위에 검은 글자 놓기가 어렵군요.
놓았다 지우고 지웠다 살리고
거듭거듭 고민합니다.
차고 시린 깨끗한 시 한 편 낳기 위해

악몽

사나운 이빨을 세우고 뭇짐승들이 나를 뜯어먹고 있었습니다

나는 안 뜯기려고 허우적거리다가 눈을 크게 떠보니

꿈이었던지 무엇을 봤는지 칠흑같이 어두운 밤을

이웃집 개들이 컹컹 기를 쓰고 짖어대는 개꿈

엄마 생각

어쩌다 잠시 엄마를 잃었는가, 저 아이

온통 골목을 뒤집어쓰며 울고 있는 저 아이

수십 년째 나는 엄마를 잃고도 울지 않는데

오규원과 나

시를 써서 주목받고 싶다던
오규원은 갔다
나보다 아래인 그가 주목 받으며
나보다 먼저 갔다
벌써 갔다
주목받지 않으면 어떠리
그보다 나이 많은 나는
그저 살고 있다
지지부진 그저 살아 있다
고목나무에 언제 눈부신 싹이 돋아
모두에게 주목 받을 지
그냥 나 천년 고목으로
깨끗하게 탈 수 있을까

잠 못 드는 밤에

아내는 아래층에 자고 나는 위층에서 자다가
오늘밤 아내가 아래층을 비우고 들어오지 않아
내려가기도 싫고 오르기도 싫어
아내가 마누라고 마누라가 어째서 마누란지 알만 해
아무리 으르렁대는 호랑이 같은 아내지만
아래층에서 받쳐주던 마누라
그 호랑이가 아래층을 비우고 없으니
되레 무섭기도 하고
공중에 붕 떠 있는 듯 잠도 오지 않아

당신들은 이런 경험 없으신지요?

처용신가 3장(시극)

신라 헌강왕 때의 일이다. 왕은 나라에 큰 이익을 가져다주는 아랍상인 처용을 신라 처녀랑 엮어 주었겠다. 헌데, 어느 날 밤 처용이 집을 비운 사이, 전부터 처녀를 사모해오던 같은 마을 총각이 역신 가면을 쓰고 침실에 잠입해 정사를 벌였고 사랑의 현장을 목격한 외국인 남편 처용이 어떻게 하겠는가. 어쩔 수 없는 비참에 잠겨 노래하니 일연선사의 삼국유사에서 이를 일러 향가〈처용가〉라 하더라.

*나오는 사람들 *향가 원문 읽기; 000 *번역 향가 읽기; 000
*처용역; 000 *처용처역; 000 *역신역; 000

#1. 처용의 노래

바람 난 아내마저
잠든 이 밤
저 달을 누구와 즐기겠는가.
외로운 그림자
마당 귀 찬 이슬을 밟으며

춤이나 한 사위
덩실 추워나 보자
아내여 당신이나 손님 모시고
곤히 주무시게
달 밝은 이 밤
나는 잠들 수 없다

#2. 처용처의 항변

개운포에 갈바람 살랑살랑 밀려들어 오는데
밤늦도록 술집순례 서방님은 돌아오지 않는데
달은 밝고 어쩌겠나 미치도록 몸 간지러워
에라, 역신이라도 껴안고 사랑병 앓는 건데

벌겋게 드러난 낮도깨비도 아니고
쥐구멍이 있어 들어갈 수도 없고
당신 손에 저자 죽고 나도 죽는 줄 알았는데
당신은 마누라가 어떻게 되든 아랑곳없이
2차로 3차로 놀고 와서
뭐 달이 어떻다고 춤을 춰
그러고도 당신이 내 서방 맞아

#3. 역신의 교훈

칼부림 당하는 줄 알았더니만
내가 운이 좋은 건가요.
사랑한다면서 아내의 정사현장을 보고도 못 본 듯
가만히 문 닫고 도로 나가서
덩실 춤을 추다니요.
하지만, 처용님
앞으로는
젊은 아내 혼자 놔두고 밤늦도록 놀지 말아요.
그런 집만 골라서 나 같은
사랑의 역신이 쳐들어간다니까
쳐들어간다니까요.

*향가 처용가

동경명기월량(東京明期月良)　서블 밝이달에
야입이유행여가(夜入伊遊行如可)　밤들이 노니다가
입량사침의견곤(入良沙寢矣見昆)　들어와 자리보곤
각오이사시양라(脚烏伊四是良羅)　가랄히 네히어라
이혜은오하어질고(二肹隱吾下於叱古)　둘흔 내해었고

이혜은 수지하언고(二肹隱誰支下焉古)　　둘흔 뉘해언고

본의오하시여마어은(本矣吾下是如馬於隱)본대 내해다마른

탈질량을하여위리고(奪叱良乙何如爲理古)앗아늘 엇디하릿고

조기축구早起蹴球

새벽마다 발기하는 조기축구,

벌떡 일어나

먼동 트기 전 곧바로 숏 꼴인!

참 좋겠다

설날에 아이들은
시골 할아버지 할머니
외할아버지 외할머니 찾아뵙고
세배하고 빳빳한 세뱃돈 받고
떡국 한 사발에 한 살 더
키도 쑥쑥
참 좋겠다.

지금 몇 살?
다섯 살, 여섯 살, 일곱 살, 여덟 살
세뱃돈 받을 때까지가
참 좋겠다.

세뱃돈 내주는 아빠가 있으니까
할아버지가 있으니까
떡국 끓여 주는 엄마 있으니까
할머니 있으니까

충무로의 어느 날

다방 아멜리의 창가에 앉아
충무로역 5번 출구로 나올 그녀를 기다리는데
기다리는 그녀는 나오지 않고
부슬부슬 봄비 내려
내 마음 적시는데,
5번 출구로 나온 한 남자
잠시 두리번거리다가
부스스 비를 털고 안으로 들어서서
내 맞은편 자리에 앉아
그 역시도 여자를 기다리는 지
나와 같은 방향으로 눈길을 던지는데
기다리는 여자는 오지 않고
그치지 않고 봄비 내려
창밖으로 줄줄이 차만 막히는데

치매라고? 아닌데

젊은 날 많이많이 꾸어 두었던
탱탱한 꿈
하나하나 속 다 까먹고
쭈글쭈글 껍데기만 나뒹굴어
하리타분 하릴없이
TV 켜놓고
난데없이

바람 닫아라 문 들어온다

문 닫아라 소牛님 나가신다

허둥지둥 잦아지는 헛소리

번데기 헛스윙

왜 이러시나 요즘의 구선생

폴더 2007

2006년 12월 31일 밤 12시의 경계를 넘어서자
아직은 캄캄한 2007년 새해가 열렸습니다.
폴더 2006은 360여개의 얼룩을 남겼습니다마는
폴더 2007은 아직 한 점 흠도 티도 없는 백지
여기에 무엇을 어떻게 클릭해야 할지 손이 조심스럽게 떨리고
가보지 않은 길이 두렵기만 합니다.
하루하루 무슨 색깔을 꺼내어 어떻게 경계를 지워야 할지
해마다 겪는 일이라 덤덤할 줄만 알았는데
길상여해吉祥如海 정해년丁亥年 황금돼지가
야해라野海羅* 바다에서 뛰어놀 것을 생각하니
새삼 마음은 깃발처럼 나부끼고 가슴이 두근거려
시동을 건 거선巨船의 기관처럼 부릉부릉 부릉

*야해라는 필자의 닉네임

하품, 졸음이 오는

한 발이나 되는 하품을 먹고
달리의 시계처럼 축 늘어진 몸이 천근이다
게으름이 한껏 부풀어 오르고
기지개 찍찍 팔다리를 한껏 늘려 놓는다
나는 손가락 하나 꼼짝 못한다
마법이다 나는 꼼짝없이 달콤한 최면에 걸렸다

오, 뭔가 모자란 듯한 이 나른한 즐거움!
바닥 모를 함정으로의 함몰
빠진다 빠진다 빠져 들어간다
비몽사몽의 세상 밖으로
돌아오라 철석철석 내리치는 죽비소리

제3부

친구

검거나 희거나

나의 하루는 모래처럼 새어나가거나
바위처럼 굳어버려
들어올리기도
밟아나가기도 힘들다
진땀이 나고 손발이 부르튼다
사치스러운 비유가 아니다
바위를 깨부숴
모래사막을 만든다고나 할까
모래를 뭉치고 뭉쳐
바위로 굴린다고나 할까
검거나 희거나
요즘 나의 일과는 둘 중의 하나

매일 끙끙 앓는 소리다

김유정과 봄 · 봄

나의 문청시절 밤잠을 설치게 했던
그의 주옥같은 단편들 '봄 · 봄' '동백꽃' '금 따는 콩밭' '소낙비' '노다지' …

글쎄 이 자식아! 내가 크질 말라구 그랬니, 왜 날보고 떼냐?
빙모님은 참새마난 것이 그럼 어떻게 앨 낳지유?
(사실 장모님은 점순이보다도 귓배기 하나가 작다.)*

지금도 생생한 '봄 · 봄' 의 한 장면
마름집 주인 봉필이 열여섯 살 딸 점순이를 미끼로
스물여섯 살 '나' 를 3년 7개월째 사경 한 톨 안 주고
머슴으로 부려먹는 과정에서 벌어진 티격태격
배꼽 잡는 웃음 절로 나와…

요즘도 사회 곳곳에 웃지 못 할 이런 일 숨어있어
다만 김유정이 없을 뿐이지

* 고딕은 작품 「봄 · 봄」에서

두 마리 토끼

두 마리 토끼를 쫓아서
두 마리 토끼를 다 잡을 수 있건 없건 나는
무모하게도 숙이와 순이 두 마리 토끼를 쫓기로 한다
두 마리 토끼를 쫓아
두 마리 토끼를 다 놓치기로 한다
과욕이든 무욕이든 나는 모른다
내 생각에 양다리 걸치기와는 다르다
순이와 숙이 다 좋은 걸 어떻게
두 마리 토끼를 쫓아
두 마리 토끼를 다 잃는 두 배의 아픔
소중하게 껴안기로 한다 나는

말로써 말 많으니

거울이 조용히 반박하여 말한다

너를 고스란히 닮고 있는
나의 입장에서 보면
네가 좌익이라고 주장하는
너의 왼편이 나의 오른편이고
너의 오른편이 나의 왼편

좌익이라고 진보라고 사사건건 갈고리를 걸어 넘기려는
네가 배척하는 쪽 사람들이나
우익이라고 보수라고 말할 때마다 두둔하고 감싸고도는
네가 지지하는 쪽 사람들이나

입장을 바꿔 놓고 생각해 보면
좌익이 우익이요, 우익이 좌익
곰팡내 나는 좌우익 논쟁 이제 그만두면 안 될까

-말로써 말 많으니 말말까 하노라

부처님 오신 날

아침부터 무슨 일이 있는지 때까치인 듯한 작은 새 두 마리가 때깔때깔 나뭇가지 위에서 이리저리 옮겨 앉기도 하고 때깔때깔 시끄럽게 공중을 빙빙 돌면서 당혹스럽게 야단법석을 떠는 게 아닌가. 아마도 제 새끼가 무언가 큰놈으로부터 공격당하는 걸 SOS 급하게 알리는 듯 때깔때깔 때깔 급박하기만 한데

맙소사 내 힘으론 어쩔 수 없고

부처님

부처님의 자비가 생명 가진 곳 천촌만락 세상 끝까지 아니 비춘 데 없어

천수천안관세음보살, 나모관세음보살, 천수천안 나모관세음보살

때까치의 어린 생명을 살리시어 그들 부모의 감사를 받으시오

오늘은 부처님 오신 날 그들에게 당신의 생일선물로,

영운嶺雲

너는 고갯마루 저쪽에
나는 이쪽에

너하고 나하고
서로 숟가락 들고
마주보는
고개 너머
넘다가 마주치는 고갯마루

숟가락도 서로 부딪히고
눈길 마주쳐
불난 듯이
뭉게뭉게 그리움
피어오르는 고갯마루

외풍

실내온도도 영하로 떨어졌는지
새벽아침
일어나 책을 읽으려는데
낯선 글자들의 행간이 철사줄처럼 얼어붙어
간신히 뜯어 읽으려는 목소리가
서걱서걱

난동을 나불거리던 기상청의 일기예보는
매서운 추위가 언제쯤 물러가나 중얼거리는데
폴폴 입김만 나풀거리고
말의 씨가 통 먹히지 않아

바깥에 귀를 기울이니
귓바퀴를 에어가는 날 선 몽둥이 바람
고막이 터져라 고래고래 호통 치는 풍장군
그가 꽝꽝 쏟아대는 포환에 맞아
상판대기 시퍼레 둥둥 멍이 들고
자고나면 떨어지는 수은주

어디까지 내려가려나
남산에 소나무가 먹빛으로 변하고
새들도 날지 않아

어석어석 파도에 갇혀버린 섬,
덜덜덜 거대한 한파를 타고 넘어오는
꼼짝 못할 내 실내의 외풍

인사동은 옛 인사동이 아니었다

지금 그 사람의 이름은 잊었지만
그의 눈동자 입술은 내 가슴에 있네

-세월이 가면(박인환)*

첫사랑 아닌 열식은 늦은 여친은 지하철로 그냥 가버리고
난, 옷도 젖지 않는 가는 가을비에
엉망으로 마음 젖어

나 홀로 어젯밤 흘리고 온 휴대폰 찾으러
여전히 출렁거리는 사람물결 헤치고
터덜터덜 인사동 14로 이모집에

혹시나 기대했지만
역시나 내용 없는 내 휴대폰

젠장맞을, 거리에 나앉은 자잘한 골동품 촉촉이 적시는
쓸쓸한 그러나 안 펼쳐도 좋을
한 우산 속 젊은 연인들은 한 몸 되어
흐느적흐느적 걸리적스럽고

이방인도 듬성듬성 노랑머리 검은얼굴 뒤섞인 인사동에
인사 주고받을 만한 아무도 없는
낯선 이방인이 된 나

'지금 그 사람 이름은 잊었지만…… 사랑은 가도 추억은 남는 것'
입속으로 연신 중얼중얼

*박인환의 시비 「세월이 가면」이 인사동길 북단부근에 독특한 모양새로 앉아있음.

정밀종합건강검진

내시경이 나의 창자 속으로 들어오고
MRA인가 뭔가가 내 뱃속까지 환히 들여다본다니
죄 없어도 일단, 겁나고 두렵다.
캡슐 같은 원통 속에 나를 묶어 눕히고
윙윙 위잉 철컥 철컥 윙윙 위잉 철컥 철컥
몇 십 분간 나를 처단하나보다
위내시경검사는 어떤가?
일단 수면제로 나를 잠재워 놓고
목구멍을 통하여 작은 거울을 창자속에 들이밀어 넣어
내 창자속 비밀을 찍어낸단다.
몰래카메라같이 나도 모르게

머리 MRA 허리 MRA
전신 CT촬영
대장검사
전립선검사
심폐기능검사
대소변검사

피검사
혈압측정
청력시력체크
키 얼마 몸무게 얼마

내 몸을 갈래갈래 부분별로 쪼갰다가
그리고 그러고 나서
이들을 다시 귀납해서
내 몸에 대한 종합평가가
일주일 뒤 내려진단다.
결과가 어떻던
일단, 두렵고 겁난다

전통놀이

저 소리, 어느 날 인사동 입구에서
사람들이 빙 둘러싸고 구경을 하는데
쿵쿵 꽹꽹 쿵쿵 꽹꽹
징치고 장구치고 북치고 꽹과리치고 상모 돌리고 있는데
왜 나는 가슴이 찡하니 눈물 도는 걸까
전엔 농촌에서 흔히 보던 두레패인데
이젠 농촌에선 쉽게 만날 수 없고
전통보존회 젊은이들에 의해
바쁘게 돌아가는 21세기 가각에서
쿵쿵 꽹꽹 쿵쿵 꽹꽹
나는 왜 자꾸 가슴이 찡하니 눈물 도는 걸까
이 시대 전통지킴이의 노력은 눈물인가
번쩍이는 대도시의 소음 속에서
어느새 날은 저물어 가는데
어느새 날은 저물어 가는데

천천히 천천히

남들은 승용차 몰고 가고
택시 잡아타고 가는데
나는 버스 보내고 걸어서 간다
줄서 있는 가로수를 헤아리며 간다
어디까지 헤아리다가 잊어버리고
다시 처음부터
한 그루 두 그루 헤아리며 간다
전봇대에서 파란 잎이 나풀거리고
천천히 천천히
빌딩에서 수많은 모래알이 반짝인다
어느 강가 모래톱에 물결이
물결이 찰싹거린다
너희랑 나랑 친구하자
나는 외롭지 않다
이들과 벗하며 함께 걷는다

첫돌 잡이

돌잔치 상에서
돌잡이가 무엇을 잡을까
실을 잡을까 붓을 잡을까 돈을 잡을까
모두들 주목하는 가운데
제 어미는 은근히 돈 잡기를 바라는 듯한데
찬영이가 붓을 잡았다며
제 아비가 좋아하네요.
(저는 공부 안 하고 돈 벌겠다고 나섰지만)
붓을 잡아야 공부를 잘하고
공부 잘해야 돈도 한 몫 잡아 오래오래 잘 사는 거라며
모두 손뼉 치며 좋아들 하고
돌잡이의 앞날을 맘껏 축하하고 빌어주네요.
그래요. 그렇게 되겠지요.
으뜸 좋은 이름 지어 받은 나의 손자 찬영이가
공부도 잘하고
무럭무럭 튼튼하게 잘 자라
공부 잘한 사람이 잘 사는 좋은 세상 만들어
오늘의 주인공이 내일의 주인공 되어

아름다운 세상 꽃피워 온 누리에
온 누리에 떨치리

친구

이곳 시골마을로 내려와 살면서부터 나는
마을 안을 한 바퀴씩 도는 일로부터 하루를 시작하기로 해
아직 고요한 새벽시간 동네 개들이 짖어온다 멍멍 멍
가까이 지나가려하자 어떤 놈은 발꿈치를 물어뜯을 듯
뒤따라오며 사납게 왕왕 왕 한 사나흘 시끄럽더니만
언제부터인가 낯을 익히고 내 몸내를 알아차렸는지
놈은 반갑게 꼬리치며 줄레줄레 뒤따른다(더 이상 동네는 시끄럽지 않다)
그러더니만 이제는 아예 나를 앞서서 내달으며 뛰기도 하고
너무 앞섰다 싶으면 제자리 서서 나를 안내하듯 뒤돌아보며
내 갈 길을 한 서너 발짝씩 앞질러 설렁설렁
어느새 내 집 앞까지 나를 바래다주는 게 아닌가
그 언제 나는 내가 남에게 이렇게 친절해본 적이 있었던가

아침 산책길에 나도 그의 친구가 되어주기로 한다.

그러기를 며칠. 웬일인지 오늘 아침 그가 보이지 않는다.

둘러보니 이를 어쩌랴

쇠사슬에 칭칭 묶여 있는 게 아닌가 맥없이 눈물에 젖어

아마도 우리 사이를 질투했을 그의 주인이

그를 혼내주려고 한 짓이겠지만

아, 나 슬그머니 그의 모가지를 풀어줄거나

한 번쯤 친구의 모가지를 풀어줄거나

누가 뭐라 개도둑이라 오해를 하든 말든

호칭

오랜만에 만난 선배 한 분이 날 보고
말끝마다 정선생 아니면 정사장이란다
정선생은 직업상 내가 오랫동안 선생질을 했으니까
그건 그렇다 쳐도 웬 사장이냐니까
학생 때 소문나게 공부를 잘 했으니까 사장이란다
그래야 한단다

당연히 돈 많은 사장님이 됐어야지 않겠냐 그런다
박사고 시인이고 다 소용 없단다
잘 먹고 잘 살기 위해서
시도 쓰고 공부도 잘 한 게 아니냐 그런다
암, 자본주의사회니까
그래야 한단다

제 4 부

가을 별살

금강산 가는 길에

내 나라 내 땅
하나의 한반도를 오가는데
출입국관리소가 웬 말
한파 속 북방한계선을 넘어
GNP 2만불 시대의 남한사람들이
연일 줄지어 오르내리는
구룡폭포 오르는 길에
새까만 마른 부지깽이 북한주민과
추위와 노동으로
얼굴 벌겋게 달아오른 북한의 젊은 여성이
드문드문 박혀
하얗게 눈 덮인 길 아닌 길을 내고 있었다
삽과 곡괭이를 들고
길눈을 파내고
반들반들 미끄러운 빙판을 쪼아내고

너와 나 사이
출입국관리소가 없는

북방한계선, 남방한계선이 없는
남과 북 차이 없이 하나가 되는 길
통일조국
모두 좋은 줄 알면서 왜 그 길 못 여나

김삿갓도 한 꼴goal

발도 없는 것이 날개도 없는 것이
지구처럼 둥근 온몸이 다 발이면서 날개
그라운드 현장의 눈을 다 쓸어 담은 공 한 개의 행방에
70억 지구인 140억 눈동자가 쏠린다
전반 7분 만에 허정무호의 숨은 전사
이정수의 오른쪽 발끝에서 가볍게 날아간 공이
그리스의 골문을 허리높이로 통과 첫 골이 터졌고
상대 수비수보다 반 뼘쯤 앞서 양발에 골을 달고
바람처럼 내달려 문지기마저 젖히고
우리 팀 주장 박지성의 쐐기 골!
공은 불이 붙은 듯 떼굴떼굴 굴러가
후반 8분 만에 상대방의 골문을 살짝 흔들었다
대한민국이 그리스를 2:0으로 누르는 순간
대한민국을 너머 온 세계가 놀랐다.
남아공 월드컵경기장에서의 저 함성
한국과 그리스전이 있던 날 저녁
나는 대한민국의 오지 강원도 정선
'동강의 낙원' 에서 TV로 보았다

지구촌 70억 지구인 140억 눈동자를 사로잡는
태극전사들이 한 골을 넣고 다시 또 한 골을 넣었다
지구가 후끈후끈 달아오르고
동강이 날아갈 듯 강원도 산골이 들썩들썩
산천초목이 우쭐우쭐 춤을 추었다
대한민국과 그리스전이 있던 같은 시간대
나의 김삿갓 강연도 뒤로 미룬 미네르바 회원들과
공 한 번 만져보지도 못한 나도
열두 번째 태극전사가 되어
슛 골인! 탄성을 지르며 공을 차 넣었다
김삿갓도 노루목에서 뛰어나와 한 골 차 넣었다

그미의 몸에선 항상 들판 가득 흐르는 고소하고 풋풋한 들내가 난다

네가 있는 듯 없는 듯 겸손하게
내 아픈 가슴을 만지며 나에게 다가왔을 때
내 이름으로 가만히 네 이름을 불러보네

푸르게 푸르게 들판 생것들을 키워내던 너
모두들 비우고 떠나간 텅 빈 들녘을

내 텅 빈 가슴 빈터에 뭉클뭉클 다가서는 너
그러나 나 아직 너를 안아보지 못하네

올해도 며칠 사이 들판은 싸악 비워졌고
내 상한 마음 나도 붙잡을 수 없어

치유의 햇살 따라 너를 따라 나는 나섰네
포근히 끌어안기는 네 이름 가득 찬 내 마음

설한풍이 쳐들어올지라도 들내,
넓고 깊은 네 향기는 꺾이거나 얼어붙지 않을 것!

겨울볕살

별 나와라 훨훨
문 열어라 짱짱

기름 짜듯 모여선 아이들이 입을 모아 합창합니다
겨울 구름문을 열고 나온 양지쪽 한 줌의 볕살이
아이들 피를 한 열 바퀴쯤 돌립니다

별 나와라 훨훨
문 열어라 짱짱

겨울 구름문을 열고 나온 양지쪽 한소끔 볕살이
금싸라기처럼 반짝이며
내 피를 한소쿠리 데워줍니다

꿈

이 땅에 어둠을 벗어 놓고
잠자리에 든 해님은
무엇을 꿈꾸는 지

나는 몇 번 뒤척이다가
마침내 뜨거운 그녀를 안았습니다

녹아내리는 만년설

오, 만년설
시퍼런 하늘에 훌러덩 빛나는 대머리 처박고
정상의 뜨거운 사랑 나누고 있던
저 킬리만자로의 만년설 마냥

만년 그럴 줄 알았지. 구선생,

너의 순은의 감성에도
때가 묻고 어쩔 수 없이 딱딱하게 굳어서
찌끔찌끔 찔끔찔끔 눈물처럼
녹아내리는 세월의 덮개

세월에 앞서가는 속도

몇 년 전만해도 가다보면
저만치 나보다 앞서 가던 사람들이
차례차례로 나보다 뒤쳐졌는데
이제는 내가 아무리 빨리 걷는다고 걸어도
뒤에서 오던 사람들이
어느새 나를 앞서 걸어갑니다

걸음걸음 걸음은 느려지고
점점 눈은 어두워 가는데
유수 같은 세월의 속도를 앞질러
쭈글쭈글 가랑이 사이로
휑하니 빠져나가는 것이
눈에 만져지듯 환히 보입니다

이렇게 나가다간
이런 사태가 얼마 못 가서
속도는 땀을 뿌리고 숨을 헐떡이며
생각보다도 빨리 픽

길바닥에 쓰러질지도 모릅니다
헐렁헐렁한 껍데기
푸석푸석 부서지는 시래기 같이

안개 속 경험

알고 보니 구원이었다
길을 잃고 길을 찾았다

그녀를 만나러 가던 길이었는데
어디서부터 안개가 따라와 손에 잡히지도 않고 형체도 없는 그물을 던져
소리소문도 없이 나를 납치한 것일까
안개 속에서 꼼짝달싹 없이 나는 길을 잃었고

어허, 이를 어찌할꼬
눈 뜨나마나 사벽이 천장무궁의 암흑세계
안면도 없는 전면 흉악범,

놈은 형체 없는 커다란 입을 벌려 세상 못 잡아먹는 게 없다.
달리던 길도 내가 몰던 엑셀도 헤드라이트 불빛도 한 그물에 다 잡히어
사그리 사라지고 산도 나무도 집도 무엇도 가림 없이

바늘 끝도 들일 수 없는 촘촘하고 내밀한, 황당하고 난감한 내 슬픔의 면적
빛의 원천 태양이라 할지라도 속수무책, 올 스톱
꼼짝마라 움직이면 쏜다.

세상에나, 내가 할 수 있는 건 누군가의 이름을 부른 것 뿐
그녀의 이름을 부른 기억밖에 나는 없는데
어떻게 천길 안개지옥에서 풀려 나올 수 있었는지
눈을 감았다 뜨는 순간 기적같이 그녀의 이름이 빛처럼 다가와
세상으로 나를 끌어올렸는지

나무관세음보살,
나는 빛 속에 있었고 빛 속에 새로운 나의 탄생을 보았다

얼어붙고 얼어터지고

물이 쾅쾅 얼어터지는 겨울아침
손 곱아 호호
발 시려 동동
생각도 얼어붙고
온몸에 오소소 소름이
돋아
바늘바람인 듯
가시마사지인 듯
얼굴에
따끔따끔 얼음이 날아와 백여
걸음은 빨라지고
각종 매스컴에선
한파다
동파다
극한이다
매운 낱말들이
어석어석 공중에
나부껴

난무해
서슬이 시퍼런 입술들

엎드려라 엎드려

엎드려라 엎드려
하루살이 떼가 바글바글 새카맣게
머리 위로 그물처럼 덮쳐온다
뒤통수에 따라붙어 쫓아온다
이마빼기이며 눈동자 쏘아대며
앞질러 하루살이 몰려온다
뛰지 말고 엎드려라 엎드려
떼로 몰려오는 하루살이 앞에 엎드려라

바람에 날리는 거미줄이
얼굴에 그물을 친다
어디로 급히 연락을 띄워 옴치고 뛰려느냐
하늘이 저리 높은데
핵개발 프로그램도 무릎을 꿇려라
무릎을 꿇려
아니 꿇으면 하루살이 그물을 덮어씌워
통째로 구어 먹을래
사람의 머리 위에 등극하는

오, 하루살이의 아성
엎드려라 엎드려

바람 부는 날은 쉬어가는 날

무슨 기압골 탓일까 세상만난 듯
바람이 온 동네를 휘젓고 다녀
동에서도 불어오고 서에서 남에서 북에서
대중없이 휘몰고 다니는 바람에 정신이 산란하다
냅다 등을 밀기도 하다가 난데없이 가슴을 때리기도 해
풀들은 이리 쏠리고 저리 쏠리고
바람에 놀아나는 것은 풀들뿐이 아니다
가꾸는 풀과 뽑아버릴 풀이 자꾸 헷갈리고 뒤섞여
실수 또 실수 진도는 나가지 않고
어지럽다 못해 머리가 지끈지끈
핑계 김에 나는
바람 부는 날을 쉬어가는 날로 하리라 하는 것이다

새해 앞에서

…실천 못할 새로운 계획
헛꿈은 괜히 해마다 꾸어 무엇하리
머리 복잡하고 무겁기만 하지
계획 같은 거 안 세워도 하늘은 저리 파랗고
기러기 한 줄 비껴 날고
초하룻날 내린 눈부신 설원 위로
고라니 한 마리 껑충껑충 가로질러가는데…

우리 어머니 세대의 농촌풍경 한 장면

해는 저물어 어두워 오는데

집으로 돌아가는 길은 아직도 멀지
치마꼬리 잡은 아이는 다리 아프다 업어달라 울지
등에 업힌 아이는 배가 고픈지 하염없이 울지
머리에 인 볏단은 무거워 기울어지지
목매기송아지는 안 끌려오지
어쩌나
오줌은 마렵지

후드득 빗발은 점점 굵어지는데

짧은 가을

벌써 찬바람에 감기 걸려
캭 캭
캭
잎 잎마다 묻어나는 붉은
각혈

바람 스칠 때마다 토해내는
뚝 뚝
뚝
붉은 울음
불거져

아직 이 가을 안아보지도 못했는데

초가집 입맛

새마을운동으로 초가집이 다 헐려나간 건
두고두고 아쉬움으로 남아요
해마다 수수깡 울타리 둘러치고
두툼한 이엉 엮어 지붕 얹고
황토벽 담벼락 바르고
여름이면 툇마루에 걸터앉아
김치 뿌다귀 안주 삼아
보리막걸리 한 대접 들이키기
참 좋았는데요 말입니다
구수한 된장찌개 냄새가 그립네요.
지금은 다 별로대요 그런 음식 말고
고층아파트 사람들이 마시는
양주니 뭐니 하는 것들도
다 별것 아니더군요 별로대요
입맛이 높아진 걸까요
초가집이 헐려나간 탓일까요
나이 먹을 만큼 먹은 탓일까요
어렸을 적 기억으로는
겨울 동치미 맛이 참 최고였는데 말입니다

파도

혹시, 등 푸른 고래들의 상륙작전?
그거 무모한 거 아냐
어깨와 어깨를 걸고 포복 포복
일진에 이어 이진 이진에 이어 삼진 포복 포복 또 포복
뒤이어 겹겹이 겹겹이 무진장의 고래전술
고래 고래 쉼 없이 까맣게
하얗게 밀고와 부서지는 핏방울
처얼썩 처얼썩 부딪쳤다가는 물러나고
물러났다가는 다시 부딪쳐
고래로 부려놓는 슬픔
고래古來로 출렁이는
무한량의 시간
언제나 어디까지나
실패가 아름다운 고래의 상륙작전

| 작품해설 |

우철동 선생님께 드리는 편지

- 정대구 시집 『착한 토끼』를 읽고

이종섶 | 시인, 문학평론가

| 작품해설 |

우철동 선생님께 드리는 편지

- 정대구 시집 『착한 토끼』를 읽고

이종섶 | 시인, 문학평론가

우철동 선생님, 제가 고등학생 시절 서점에서 시집을 구입한 적이 있습니다. 정대구 시인의 시집 『나의 친구 우철동 씨』였습니다. 이 시집을 구입한 당시의 생각은 시를 좋아하는 학생으로서 서점에서 시집을 사자는 것이었는데요. 지금 생각해보면 조금은 특별한 의미가 있지 않았나 싶습니다. 고등학생이 시집을 샀다는 사실을 넘어 유명한 시인들의 시집, 또는 애송시나 명시들을 모은 선시집을 사지 않고 서점에서 처음 본 신간 시집을 구입했기 때문입니다. 제 스스로의 의지로 구입한 첫 시집의 의미가 그러해서 그 시집의 이름을 잊지 않고 있었는데, 또 이렇게 우철동 선생님이 등장하는 시집 해설을 쓰게 되어 적잖이 놀랄 수밖에 없었습니다. 그렇게 해서 다시 제 앞에 등장한 선생님의 근황이 궁금해졌습니다. 우철동 선생님은 지금 어떻게 지내고 계실까? 정대구 시인의 신춘문예 당선작이기도 하고 시집 제목이기도 한 「나의 친구 우철동 씨」의 인상과 삶이 여전하실까? 이러한 생각을 하다 보니 설레는 마음 금할 길이 없어 얼른 선생님을 뵙고 싶은 마음이 간절해집니다.

몇 년 전만해도 가다보면
저만치 나보다 앞서 가던 사람들이
차례차례로 나보다 뒤쳐졌는데
이제는 내가 아무리 빨리 걷는다고 걸어도
뒤에서 오던 사람들이
어느새 나를 앞서 걸어갑니다

걸음걸음 걸음은 느려지고
점점 눈은 어두워 가는데
유수 같은 세월의 속도를 앞질러
쭈글쭈글 가랑이 사이로
휑하니 빠져나가는 것이
눈에 만져지듯 환히 보입니다

—「세월에 앞서가는 속도」 부분

우철동 선생님을 처음 뵈었던 그 당시 까까머리 고등학생이었던 저도 세월을 이기지 못해 오십 대가 되었는데, 선생님께서도 세월을 이기지 못한 모습이 그대로 보이네요. "몇 년 전만해도" 길을 걷거나 여행을 할 때면 "앞서 가던 사람들"이 선생님보다 "뒤쳐졌는데/이제는" 선생님이 "아무리 빨리 걷는다고 걸어도/뒤에서 오던 사람들이/어느새" 선생님보다 "앞서 걸어"가는 형편이 되어버린 것이지요. "걸음은 느려지고" "눈은 어두워 가는" "세월의 속도를 앞질러" 갈 수는 없는 노릇이어서 한편으로는 수긍이 가면서도 다른 한편으로는 많이 아쉽기만 합니다.

시를 써서 주목받고 싶다던
오규원은 갔다
나보다 아래인 그가 주목 받으며
나보다 먼저 갔다
벌써 갔다
주목받지 않으면 어떠리
그보다 나이 많은 나는
그저 살고 있다
지지부진 그저 살아 있다
고목나무에 언제 눈부신 싹이 돋아
모두에게 주목 받을 지
그냥 나 천년 고목으로
깨끗하게 탈 수 있을까

—「오규원과 나」 전문

"유수 같은 세월의 속도"(「세월에 앞서가는 속도」)를 누구나 비켜갈 수 없듯이 선생님도 그러셨지요. 그래서 선생님 "보다 아래인" "오규원" 시인이 선생님 "보다 먼저 갔다"고 말씀하시는 대목에서 왠지 안쓰러운 마음이 느껴집니다. "나의 하루는 모래처럼 새어나가거나/바위처럼 굳어버려/들어올리기도/밟아나가기도 힘들다"(「검거나 희거나」)고 하셨을 때, "고래古來로 출렁이는/무한량의 시간/언제나 어디까지나/실패가 아름다운 고래의 상륙작전"(「파도」)은 이미 진행되고 있었을 테니까요. 그래서 "순은의 감성에도/때가 묻고 어쩔 수 없이 딱딱하게 굳어서/쬐끔쬐끔 찔끔찔끔 눈물처럼/녹아내리는 세월의 덮개"(「녹아내리는 만년설」)를 보는 것이 인생을 살아가는 입장에서 당연한 일이라고 하겠습니다.

남들은 승용차 몰고 가고
택시 잡아타고 가는데
나는 버스 보내고 걸어서 간다
줄서 있는 가로수를 헤아리며 간다
어디까지 헤아리다가 잊어버리고
다시 처음부터
한 그루 두 그루 헤아리며 간다
전봇대에서 파란 잎이 나풀거리고
천천히 천천히
빌딩에서 수많은 모래알이 반짝인다
어느 강가 모래톱에 물결이
물결이 찰싹거린다

너희랑 나랑 친구하자
나는 외롭지 않다
이들과 벗하며 함께 걷는다

—「천천히 천천히」 전문

선생님의 형편이 풍족하지는 않아서 "남들은 승용차 몰고 가고/택시 잡아타고 가는데" 선생님은 "걸어서" 가시네요. 물론 건강이 좋고 다리까지 튼튼한데다가 거리까지 가까워서 그러셨겠지만, 그래도 어딘가 모르게 허전한 마음이 있으셨겠습니다. 그 마음 달래려고 "줄서 있는 가로수를 헤아리며" 집으로 가는 선생님 모습이 눈에 선하고, 동시에 어린아이같이 천진난만한 선생님의 마음도 그대로 느껴집니다. 비록 거리에는 "전봇대"와 "빌딩"만 있을 뿐이나 선생님의 감수성은 여전해서 "어느 강가 모래톱에 물결이/물결이 찰싹거"리는 것을 보고 계시네요. "너희랑 나랑 친구하자/나는 외롭지 않다" 하시며 "이들과 벗하며 함께 걷는" 선생님의 귀갓길이 각별하게 와 닿습니다. 이런 자세의 바탕에는 "바람 부는 날을 쉬어가는 날로 하리라"(「바람 부는 날은 쉬어가는 날」)는 선생님의 지론이 있었을 것이고, 또 그 지론 역시 이론이 아닌 실제 삶으로 나타나는 '신념과 삶의 일치'로 체화되어 있어서 그런 생활이 가능하셨을 것이라고 생각합니다. 저 역시도 고개를 끄덕이는 이유가 바로 그런 까닭이니까요.

아내는 아래층에 자고 나는 위층에서 자다가
오늘밤 아내가 아래층을 비우고 들어오지 않아
내려가기도 싫고 오르기도 싫어
아내가 마누라고 마누라가 어째서 마누란지 알만
해
아무리 으르렁대는 호랑이 같은 아내지만
아래층에서 받쳐주던 마누라
그 호랑이가 아래층을 비우고 없으니
되레 무섭기도 하고
공중에 붕 떠 있는 듯 잠도 오지 않아

당신들은 이런 경험 없으신지요?

—「잠 못 드는 밤에」 전문

선생님 집에는 "호랑이 같은 아내"가 계시지요? 때로는 티격태격하면서 서로 다른 층에서 자는 날도 있지만, 그런 날조차 "아내"가 "들어오지 않"으면 홀가분함이나 짜증은 잠시뿐 이내 "아내" 생각에 "잠도 오지 않"게 되는 것은 모든 남편들의 공통점인 것 같습니다. "아무리 으르렁대는 호랑이 같은 아내"일지라도 "아내"든 "마누라"든 집에 없으면 허전한 마음이 밀려드는 것은 어쩔 수 없는 노릇이지요. 그래서 "그 호랑이가 아래층을 비우고 없으니/되레 무섭기도 하"다는 말에 이르러서는 선생님의 은근한 유머와 마음씨에 편안한 웃음을 지을 수 있었습니다. 이 땅에서 살아가는 남편들이라면 모두가 공감하고도 남을 이야기니까요. 생활의 유머 속에 깃들어 있는 나름의 지혜와 철학이랄까요. 이제는 선생님께서 그런 귀감 아닌 귀감의 모습을 보여주셔서 저 같은 사람의 마음까지도 이렇게 어루만져주고 계시네요. 선생님, 저도 그런 "경험"을 하면서 살고 있습니다.

아내가 밥상 차려놓고 나가면서
옷 갈아입으라고 빨래 내놓으라고 했다
가난한 추수도 다 끝나고
말 많은 시화연풍
꼬집어 더 할 말도 없다
자식들 자주 문안 여쭙고
무엇이 문제인가
남들은 물론 아내마저도 팔자 좋은 우철동씨라 했다
하지만 막상 우철동씨는
세상걱정 다 떠맡은 듯
밥숟갈은 투덜투덜하고
생각은 늘 해져 있다.
비비케이 사건은 非非케이 사건이고
태안泰安 앞바다는 크게 편안하지 않다
온갖 고민 다 안고 있다.
무엇이 문제인가
잠자리를 같이하지 않는 아내가 문제고
사업이 잘 풀리지 않는 자식이 문제인가

열두 명이 난립한 인물흉년
대선후보 누구를 뽑을까
우철동씨의 고민은
요즘 태안 앞바다에 밀려드는 검은 눈물
먹기름처럼 둥둥 떠 있다
콜타르처럼 시커멓고 끈적끈적하다.
온 겨레가 개미떼로 몰려들어
바다를 닦아내는 걸 보며
그 힘으로
그는 겨우 버티고 있다

—「우울한 우철동 씨」 전문

선생님의 아내는 "호랑이 같은 아내"지 실제로 "호랑이"는 아니어서, 일찍 나갈 일이 있을 때는 "밥상 차려 놓고 나가면서/옷 갈아입으라고 빨래 내놓으라고" 하는 아내이기도 하지요. 이런 걸 두고 자상한 아내라고 말씀드린다면 선생님은 손사래를 치며 부정하실지 모르겠지만, "자식들 자주 문안 여쭙"는 그 품성 깊은 자녀들까지도 아울러 생각해보면 어머니인 "아내"나 아버지이신 "선생님" 모두 남부럽지 않은 가정을 이루며 금실 좋게 잘 살아오셨다는 생각이 들기도 합니다. 그리니 "무엇이 문제인가" 하고 묻는 것이 당연하겠지요. "남들은 물론 아내마저도 팔자 좋은 우철동 씨라"고 말하고들 있으니까요.

"하지만 막상" 선생님 자신은 "세상걱정 다 떠맡은 듯/밥숟갈은 투덜투덜하고/생각은 늘 해져 있"습니다. 오래 전에 있었던 "비비케이 사건"과 "태안 앞바다" 사건 때문이며, 선생님은 그때 "非非케이 사건"이라고 "크게 편안하지 않다"고 일갈하셨었지요. 물론 선생님도 "온갖 고민 다 안고 있"으리라 생각됩니다. 그 중에는 "잠자리를 같이하지 않는 아내"와 "사업이 잘 풀리지 않는 자식"도 있을 텐데요. 그러나 선생님의 진정한 고민은 "열두 명이 난립한 인물흉년" 때 "대선후보 누구를 뽑을까"가 아니었습니까? 속으로는 "검은 눈물"을 흘려야 했던 시절이었음에도 불구하고 "온 겨레가 개미떼로 몰려들어/바다를 닦아내는 걸 보며/그 힘으로" 선생님은 "겨우 버티"면서 그 시절을 지내오셨지요.

그런데 그 힘조차도 "두 어깨를 탱크처럼 밀고 들어오는 우경右傾 사람"(「좌측통행이 우측통행으로 바뀐 이유」)들로 인해 빠지게 되는 일이 발생하고 말았습니다. "나의 입장에서 보면/네가 좌익이라고 주장하는/너의 왼편이 나의 오른편이고/너의 오른편이 나의 왼편"(「말로써 말 많으니」)이라고 사유하며 살아가는데도 불구하고, 그들은 결국 "물이 꽝꽝 얼어터지는 겨울아침"에 "서슬이 시퍼런 입술들"(「얼어붙고 얼어터지고」)로 "토끼몰이"(「착한 토끼」)를 하고 말았으니까요. 평소 "극동정세가 미묘한 갈등관계에 있는 작금/이를 예의주시하고 현명하게 올바르게 대처해야" 한다며, "개인은 유한하지만 나라와 역사는 영원해야 할 것"(「동해물과 백두산이 마르고 닳도록」)이라는 주장을 펼치셨던 선생님을 생각하면 마음이 얼마나 힘드셨을지 충분히 짐작하고도 남음이 있습니다.

> 비록 땅에 닿을 듯 짧은 다리이지만 놀란 듯 호동그란 두 눈으로 사람들의 어려운 사정을 살펴 낮은 곳으로 달려갈 줄도 알고 쫑긋한 두 귀를 세워 미세한 소리도 놓치지 않고 잘 주워 담던 토끼 한 마리 어느 날 청와대에서 나와 봉하 마을로 내려가 마을 아이들 자전거 뒤에 태우고 밀짚모자 쓰고 동네한바퀴 쓱 돌다가 동네마트에 앉아 천연덕스럽게 담배 한 대 피워 물더니 2009년 5월 23일 아침 6시경 뒷산 부엉이바위에 올라 갑자기 뛰어내려 승천하셨다네? 벼락같은 소식에, 돼지저금통을 깨서 그를 청와대로 보냈던 늙은이부터 어린이들까지 달려와 울고 토끼몰이 하던 사람들도 눈물을 뿌리네. 착한 토끼는 지난날 지역주의 타파한다고 쉬운 제 영역 놔두고 호랑이 소굴에 들어가 국회의원 선거에도 떨어지고 시장 선거에도 떨어져 그때부터 바보토끼란 별명을 달고 보수와 권위주의에 맞서 어린이처럼 씩씩하게 싸웠었지. 오호 오호라
>
> —「착한 토끼」 전문

선생님께서 "토끼"라고 부르셨으니 저도 이 글에서

그 "토끼"의 실체를 거론하지는 않겠습니다. 그것이 선생님과 선생님이 쓰신 글에 대한 예의라고 생각합니다. 또한 그 "토끼"가 누구인지 온 세상이 다 알고 있기 때문입니다. 돌이켜보면 선생님은 그때, 어쩌면 깊은 절망감에 사로잡히셨는지도 모르겠습니다. 그럼에도 불구하고 선생님은 예의 그 끈질김으로 다시 발걸음을 떼기 시작하셨지요.

누가 그의 발걸음을 이곳으로 이끌어내는 지
쓸쓸한 빈 들녘인데, 둘러보아도 아무도 없는데
요즘 우철동 씨는 자주 이곳에서 공허 씨와 마주하기를 좋아합니다

돌아보건대, 윙윙거리던 여러 갈래 벌들의 길은 사라지고
망설이며 그때그때 그가 선택하여 땀나게 걸어온 번개와 천둥의
두근거리던 길도 지워지고 살이 빠져나가는 바람소리
이제는 어디론가 실려 나가고 가뭇없는 가난한 노동의 열매

그의 여럿 자녀들은 지금쯤 누구의 허기를 달래며
피가 되어 돌고 있을까 배를 불리고 있을까
아직도 아득하기만 한 우철동 씨의 희망사항

여보세요, 공허 씨는 저렇게 소리 없이 그의 앞에서

웃기만 하는데
어디 가보자 웃음의 끝까지 언덕 너머 새로운 강물이 흐르는 곳까지

우철동 씨는 다시 터벅터벅 걷기를 시작합니다

—「요즘의 지허당(知虛堂) 우철동씨는」 전문

"쓸쓸한 빈 들녘인데, 둘러보아도 아무도 없는데" 선생님은 "자주 이곳에서 공허 씨와 마주하기를 좋아"하셨지요. "여보세요, 공허 씨는 저렇게 소리 없이" 선생님 "앞에서 웃기만 하는데" 선생님은 "어디 가보자 웃음의 끝까지 언덕 너머 새로운 강물이 흐르는 곳까지" 하시면서 "다시 터벅터벅 걷기를 시작"하신 것이지요.

선생님의 "희망사항"은 "아직도 아득하기만 한" 것 같지만 선생님이 떼신 그 발걸음에서 진정한 "희망사항"을 보게 되어 정말 좋았습니다. "우리 지금 희망풍선 하나씩 들고 나와/하늘에다 일제히 띄워 올리자"고 하시면서 그 "풍선"에 "남북통일 희망을 담아" "하나도 통일 둘도 통일 하늘 끝을 바라보며 소원하자"(「희망풍선」)고 하신 것 때문입니다.

"풍선을 띄우"는 것이 무슨 뜻이겠습니까? "우리는 출발했다 새로 출발했다"가 아니겠습니까? "잡다한 잡음과 망설임과/공해권내를 벗어나서/우리가 가는 길은

푸르기만 하다"(「풍선을 띄우며」)는 그런 뜻이 아니겠습니까?

"풍선"이 닿는 곳에는 "구십 평생 오로지 피나게 통일을 외쳤건만/끝내 통일을 못 보고 돌아간 안타까운 실향시인 이기형 시인"이 있을 것입니다. "지금은 하늘나라에서 그 젊은 발바닥으로 고향땅을 맘껏 밟으며"(「이기형 시인의 발바닥」) 환한 얼굴로 마음껏 웃으며 편안하게 계시겠지요.

또한 김규동 시인도 그곳에 함께 계실 것입니다. 선생님은 김규동 시인에게 보내는 편지에서 "마지막 남은 한 고개 마지막 힘내어 단 한 번만 더 넘으면" "오매불망 통일조국 오지 않겠"냐고 하셨습니다. 그래서 "참아 봅시다 참아 봐요. 한민족 한 덩어리로/통곡하고 얼싸안고 춤추며 노래할/그날 그때까지만 그날 그때까지만"(「기통일대춘시祈統一待春詩 -실향노시인 김규동 선생께」)이라고 당부하신 선생님의 말씀이 참으로 귀하다는 생각이 드는 것이구요. 아직까지도 이 시대의 귓가에 쟁쟁하게 울려퍼져야 한다고 마음 깊이 공감하게 되는 것입니다.

그래서 선생님의 바람대로 "우리는 지금 그 길을 재현해/남녀노소 모두 손에 손에 태극기 들고/목 터져라 대한독립만세를 외치"(「만세길」)기도 하구요. "둥근 수박이나 큰놈으로 하나 쭉 쭉 쭉/여섯 쪽으로 쪼개놓고 여섯이서/둘러앉아 우리들 육자회담 잘 되라고/육자회담에게 박수, 박수/짝짝짝 수박에게 박수"(「수박과 육자회담」)를 쳐보기도 합니다. 비록 그것이 "혀로 꿈을 핥아 보"는 것이라 해도, 그 "꿈을 꿀처럼 핥"으면서 "꽃을 찾아 온몸에 꽃가루를 묻히던 꿈의 기억들을/손가락으로 훑어내어 핥아보는"(「바닥 난 꿈의 구멍을 핥는 구 선생」) 그 진정한 갈망을 마다하지 않는 자세로 꿋꿋하게 살아보겠다고 선생님 앞에서 이렇게 어설픈 다짐이라도 해보는 것입니다.

이 땅에 어둠을 벗어 놓고
잠자리에 든 해님은
무엇을 꿈꾸는 지

나는 몇 번 뒤척이다가
마침내 뜨거운 그녀를 안았습니다

—「꿈」 전문

선생님께서 꾸신 "꿈"이 무엇이었는지를, "마침내 뜨거운 그녀를 안"은 것이 어떠한 것이었는지를 이제는 조금이나마 알 것 같습니다. "별 나와라 훨훨/문 열어라 꽝꽝". "아이들이 입을 모아 합창"하는 소리에 "겨울 구름문을 열고 나온 양지쪽 한 줌의 별살이/아이들 피를 한 열 바퀴쯤 돌"리고 선생님의 "피"까지도 "한소쿠리 데워”(「겨울볕살」)주는 그 희망찬 풍경이, 그것을 생각하는 우리의 피까지도 따뜻하게 데워주고 있습니다.

벌써 찬바람에 감기 걸려
캭 캭
캭
잎 잎마다 묻어나는 붉은
각혈

바람 스칠 때마다 토해내는
뚝 뚝
뚝
붉은 울음
불거져

아직 이 가을 안아보지도 못했는데

—「짧은 가을」 전문

선생님, 벌써 “가을”이네요. 「짧은 가을」을 읽으면서 선생님의 감성이 여전하시다는 생각을 하게 되지만, 동시에 선생님의 건강이 염려되는 것도 사실입니다. 우철동 선생님, 부디 오래오래 건강하세요. 그래야 “눈부시게 밤새 눈이 내”린 날, “차고 시린 깨끗한 시 한 편 낳”을 수 있고, 그 “눈 다 녹기 전에/차고 깨끗한 시 한 편” 써서 후학들을 위한 글과 음성으로 남겨주실 수 있지 않겠습니까? 선생님의 마지막 시업과 그 시업으로 인한 생활에 "하늘에선 박수갈채가 쏟아지고"(「희망풍선」) 땅에서는 오래 꾸었던 꿈이 이루어지시기를 간절히 빌겠습니다.

> 참으로 오랜만에 눈부시게 밤새 눈이 내렸습니다.
> 반듯한 앞마당에 흰 A4용지처럼 반듯하게 오셨습니다.
> 하얗게 깔린 눈이 반짝반짝 시의 영혼 같아서
> 하마 그 위에 첫발 내려놓기가
> 아깝고 송구스럽고 그렇습니다.
> 음, 이런 마음 식기 전에
> 저 눈 다 녹기 전에
> 차고 깨끗한 시 한 편 써야겠습니다.
> 오랜만에 노트북 열고 공포의
> 흰 바탕 마주합니다.
> 시의 첫 글자 놓기가 두렵군요.
> 마음 식기 전에
> 따끈따끈한 시 한 편 써야겠는데
> 흰 바탕 위에 검은 글자 놓기가 어렵군요.
> 놓았다 지우고 지웠다 살리고
> 거듭거듭 고민합니다.
> 차고 시린 깨끗한 시 한 편 낳기 위해

—「시 한 편 쓰자고」 전문

— 이 시집의 주인공인 우철동씨께서 2016년 7월 23일 새벽에 선종하시어 삼가 고인의 영전에 명복을 빕니다.